Learning to Get Along®

T0025284

Understand and Care

Entender y demostrar importancia

Cheri J. Meiners, M.Ed.

Ilustrado por Meredith Johnson

Traducido por Edgar Rojas, EDITARO

free spirit
PUBLISHING®

Library of Congress Cataloging-in-Publication Data
This book has been filed with the Library of Congress.
LCCN: 2022033419
ISBN: 978-1-63198-550-8

Free Spirit Publishing does not have control over or assume responsibility for author or third-party websites and their content.

Edited by Marjorie Lisovskis
Cover and interior design by Marieka Heinlen
Illustrated by Meredith Johnson

Free Spirit Publishing
An imprint of Teacher Created Materials
9850 51st Avenue, Suite 100
Minneapolis, MN 55442
(612) 338-2068
help4kids@freespirit.com
freespirit.com

FSC
www.fsc.org
MIX
Paper from
responsible sources
FSC® C144853

Free Spirit offers competitive pricing.
Contact edsales@freespirit.com for pricing information on multiple quantity purchases.

When something happens to someone,

Cuando le pasa algo a alguien,

I have many different feelings.

Other people have many feelings too.
I want to understand how other people feel.

Yo siento muchas cosas diferentes.

Otras personas también sienten cosas diferentes.
Quiero entender qué es lo que sienten los demás.

1

Dedication

To my terrific
husband David
for understanding and caring.

Dedicatoria

Para mi fantástico esposo,
David, por entender
y mostrar que le importa.

I can imagine how I would feel
if it happened to me.

puedo imaginarme cómo me
sentiría si eso me pasara a mí.

Then I can understand
how someone else might feel.

Y entonces entiendo cómo podría
sentirse esa persona.

I see my friend smile and laugh
when she's happy.

She enjoys being with
people and things she likes.

Veo a mi amiga contenta y sonriente
cuando está feliz.

A ella le gusta estar con otra gente y disfrutar
de sus cosas favoritas.

I understand how she feels.

I smile and laugh at some
of the same things.

Yo entiendo cómo se siente.

Algunas de esas cosas también me
dan alegría y me hacen reír.

When something nice happens
to someone,

Cuando a alguien le sucede
algo agradable,

I can remember times when I have been happy.
I can imagine how I would feel.

recuerdo los momentos en que me he sentido feliz.
Y puedo imaginarme cómo me sentiría.

Then I can understand how the person feels.

Entonces puedo entender cómo se siente
esa persona.

I can show I care.

Puedo demostrar que me importa.

Someone I know may feel sad
when something goes wrong.

Alguien que conozco podría
entristecerse cuando algo le sale mal.

He may frown or cry.

Podría fruncir el ceño o llorar.

I feel sad, too, when things go wrong for me.

Yo también me siento triste cuando las cosas me salen mal.

I can imagine how I would feel
if the same thing happened to me.

Puedo imaginarme cómo me
sentiría si me pasara lo mismo.

I can understand how the person feels.
I can show I care.

Yo puedo entender cómo se siente esa persona.
Puedo demostrarle que me importa.

Sometimes people feel angry
when things don't go the way they want.

A veces las personas se enfadan cuando
las cosas no salen tal como lo esperaban.

Anger may show in a person's face, voice, or body.

El enojo puede reflejarse en el rostro de la persona, en su voz o en su cuerpo.

I can remember feeling angry
when things didn't go my way.

Recuerdo cuando me he enojado porque
las cosas no salieron como yo quería.

I can try to understand how the person feels.
I can show I care.

Puedo tratar de entender cómo se siente esa persona.
Puedo demostrarle que me importa.

If I'm not sure how someone is feeling,
I might ask, "How do you feel?"

Si no estoy seguro de cómo se siente una persona,
puedo preguntarle: "¿Cómo te sientes?".

Then I can listen.

Listening shows that I respect the person,
and that I want to understand.

Entonces puedo escucharla y saber qué le pasa.

*Escuchar demuestra que me importa esa persona
y que quiero entenderla.*

When I want to understand how someone feels,

Cuando quiero entender cómo se siente alguien,

I can watch how the person acts.
I can remember when I have felt that way.
I can imagine how I might feel.

puedo observar cómo actúa.
Puedo recordar que me he sentido así.
Puedo imaginarme cómo me sentiría.

I can ask and listen. I can show I care.

Puedo preguntar y escuchar. Puedo demostrarle que me importa.

Understanding each other
helps us get along.

*Entendernos los unos a los otros
nos ayuda a llevarnos bien.*

It feels good to understand and care!

¡Nos sentimos bien cuando nos entendemos y demostramos que nos importa!

Ways to Reinforce the Ideas in *Understand and Care*

As you read each page spread, ask children:

- What's happening in this picture?

Here are additional questions you might discuss:

Page 1

- What are feelings?
- What are some ways people in this picture are feeling? How can you tell?

Pages 2–5

- What does it mean to *imagine? (Children might suggest pretending or the idea of "make believe." As part of your conversation, you might discuss the idea of being in someone else's shoes—of pretending to be in someone's place and having the same experience and feelings.)*
- *(Point to child with spilled popcorn)* How would you feel if this happened to you? How do you imagine this child is feeling? Why do you think that?

Pages 6–7

- How are these children feeling? How can you tell?
- When are some times that you're happy?
- How does it feel to be happy? *(Include in your discussion other words for happy; children might suggest feelings like nice, good, excited, pleased, content, or joyful.)*
- How do you show that you're happy?

Pages 8–11

- *(Point to girl who kicked a goal)* How do you imagine she feels? How can you tell?
- Have you ever felt like this girl? What happened?
- How is the child showing the girl that he understands? What else could he do to let her know he cares?

Pages 12–17

- *(Point to boy who is eating alone)* How do you imagine this boy feels? How can you tell?
- Have you ever been sad? What are some things that make you sad?
- How does it feel to be sad? *(Include in your discussion other words for sad; children might suggest feelings like lonely, unhappy, blue, sorry, disappointed, or down.)*
- How do you show that you are sad?
- How is the child showing the boy that he cares? What else could he do to let him know he understands?

Pages 18–23

- *(Point to angry boy)* How do you imagine this boy feels? How can you tell? *(Focus discussion on the child who is angry. At some point you may also want to discuss how the child who inadvertently knocked down the blocks might be feeling as well.)*

- Do you remember a time when you felt angry? What happened?

- How does it feel to be angry? *(Include in your discussion other words for angry; children might suggest feelings like mad, grumpy, upset, furious, mean, or cranky.)*

- How do you show that you are angry?

- How is the child showing his brother that he understands? What else could he do to let him know he cares?

Pages 24–25

- How do you imagine this man feels? How can you tell? *(Accept all reasonable answers; it is not clear from the illustration exactly how the man is feeling.)*

- Can we always know how someone else feels? If you don't know, what can you do?

- What is respect? How does listening show respect? *(You might explain respect by saying, "When you show respect to people, you show that you think they are important.")* How does listening help us understand how someone feels?

- How do you know the boy is listening?

- What are some other questions you can ask to find out how someone is feeling? *(Some suggestions might include "What happened?," "Are you okay?," "Do you want to talk about it?")*

Pages 26–29

- *(Point to girl near dog)* How do you imagine this girl feels? How can you tell?

- How is the boy showing that he understands? How else could he show that he cares?

Pages 30–31

- Why do we want to understand how other people feel?

- What are some times when people might want us to understand and care? *(Help children realize that they can show understanding about all types of situations and feelings, including when people are excited, impatient, worried, confused, frustrated, and so forth.)*

Empathy Games

Understand and Care teaches empathy—a sincere, personal understanding of how another person feels. Here is a quick summary of the skills of empathy that are taught in the book:

1. **Watch and listen to the person.**

2. **Remember when you have felt the same way.**

3. **Imagine how you might feel.**

4. **Ask what the person is feeling.**

5. **Show you care.**

Read this book often with your child or group of children. Once children are familiar with the book, refer to it when teachable moments arise involving positive behavior or problems related to being empathic. Notice and comment when children show that they understand and care about how someone feels. Use the following activities to reinforce children's understanding of how to feel and show empathy.

Understanding Feelings

Preparation: Cut out pictures from magazines that show people in scenes where feelings are depicted. Glue the pictures to large index cards or card stock.

Level 1 *(reinforces Empathy Skill 1)*

Hold up a card and point to the picture. Ask, "What's happening?" Then ask, "How does the person feel? How can you tell?" As needed, discuss and explain what's happening or how someone is feeling.

Level 2 *(reinforces Empathy Skills 1 and 5)*

Using dolls, action figures, stuffed animals, or puppets, role-play a scenario discussed in Level 1. Begin by using the props yourself and enacting the scene while children watch. Then ask questions like the following: "How does Strong Man feel?" "How could LuLu Duck show him she understands?" After children suggest ideas, have children use the dolls or puppets to act out the scenes, showing understanding and caring.

My Feelings Book *(reinforces Empathy Skill 2)*

Materials: Drawing paper, crayons or markers, pencils or pens, colored construction paper, hole punch, and yarn

Preparation: Prepare pages and covers for feelings books. At the top of each sheet of drawing paper, write the name of a different feeling (examples: happy, sad, angry, surprised, scared, proud, excited, jealous, thankful). On the construction paper, write "My Feelings Book." You will want to have a cover and a complete set of sheets labeled with the feelings for each child. Plan to complete this activity over several sessions.

Talk with children about one of the emotions, using questions like these: "What are some times when people might feel proud? Can you remember a time when you felt proud? What happened?" Then invite children to draw pictures of a time when they were proud. Also have children write (or dictate for you to write) a sentence explaining their pictures. Repeat this activity for other emotions. Have children write their names on the covers and decorate them if they wish. Use the hole punch and yarn to bind the books.

Imagining How I Might Feel

Preparation: On index cards, write individual scenarios similar to the following. Place the cards in a bag.

Sample Scenarios:

- Children on the bus were calling Willie names.
- Maureen just learned how to ride a two-wheel bike by herself.
- Lakisha's friend was invited to a party, but Lakisha wasn't invited.
- Carlo is starting a new school, and two children asked him to play with them.
- A child walked by and messed up the puzzle Rufus was putting together.

Level 1 (*reinforces Empathy Skill 3*)

Have a child draw a card. Read or have a child read it aloud. Say, "Imagine this happened to you. How would you feel? How do you think the person feels?" Continue having children draw cards and discuss scenarios.

Level 2 (*reinforces Empathy Skill 5*)

After playing Level 1, have children draw and read the cards again, one by one. This time ask, "How could you show you understand (care)?" If needed, offer examples, appropriate and inappropriate, and have children choose: "Willie feels sad because some children were calling him names. How would you show Willie you care? Would you call the other kids names? Would you ask Willie to sit with you? Which would show you care?" Continue discussing scenarios, encouraging a variety of appropriate ways to show understanding and caring.

Understanding Feelings Dice Roll (*reinforces Empathy Skills 1–5*)

Materials: Cards prepared for "Understanding Feelings" activity (page 34), one standard dice, whiteboard or poster paper, and marker

Write the five numbered skills on the whiteboard or poster paper. As you do, briefly explain and review each skill with children. Ask a child to start the game by drawing a picture card out of the bag and rolling the dice. The number on the dice corresponds with the skill number. For example, if a child rolls a two, point to skill 2 and ask question 2, below. (If a six is rolled, the child can choose which skill to talk about.) Continue playing until each child has had one or more turns and all the skills have been discussed. If you like, use language and questions like the following in discussing the skills:

1. Look at the person's face (mouth, body). How does the person look? (What do you think the person is saying? How is the person acting?)

2. Can you remember a time when something like this happened to you? What happened? How did you feel?

3. Imagine this happened to you. How would you feel? (Why?)

4. What could you ask to find out how the person feels?

5. What could you say or do to show you care?

Maneras de reforzar las ideas en
Entender y demostrar importancia

Al leer cada página, pregunte:

- ¿Qué está pasando en esta imagen?

Estas son algunas preguntas adicionales que puede hacer:

Página 1

- ¿Qué son los sentimientos?

- ¿Qué es lo que pueden estar sintiendo las personas en esta imagen? ¿Cómo puedes saberlo?

Páginas 2 a 5

- ¿Qué significa *imaginar*? *(Los niños pueden sugerir que se trata de fingir o de "hacer creer algo". Como parte de la conversación, puede sugerir que se trata de estar en la situación de otra persona o hacer de cuenta que uno está en el lugar de alguien más y tiene la misma experiencia y los mismos sentimientos).*

- *(Señale a la imagen del niño al que se le han caído las palomitas de maíz).* ¿Cómo te sentirías si esto te sucediera? ¿Cómo imaginas que se siente este niño? ¿Por qué piensas eso?

Páginas 6 y 7

- ¿Cómo se sienten estos niños? ¿Cómo puedes saberlo?

- ¿En qué ocasiones te sientes feliz?

- ¿Cómo te sientes cuando estás feliz? *(Incluya en la charla otras palabras para definir "feliz"; los niños pueden sugerir sentimientos como agradable, bien, emocionado, complacido, contento o alegre).*

- ¿Cómo demuestras que estás feliz?

Páginas 8 a 11

- *(Señale a la niña que anotó un gol).* ¿Cómo te imaginas que ella se está sintiendo? ¿Cómo puedes saberlo?

- ¿Te has sentido alguna vez como esta niña? ¿Qué te sucedió?

- ¿Cómo le muestra el niño a la niña que él la entiende? ¿Qué más podría hacer para demostrarle que le importa lo que ella siente?

Páginas 12 a 17

- *(Señale la imagen del niño que está comiendo solo).* ¿Cómo te imaginas qué se siente este niño? ¿Cómo puedes saberlo?

- ¿Has estado triste alguna vez? ¿Qué cosas te ponen triste?

- ¿Cómo te sientes cuando estás triste? *(Incluya en la charla otras palabras para definir la tristeza. Los niños pueden hablar de sentimientos como la soledad, la infelicidad, la melancolía, el arrepentimiento, la decepción o el desánimo).*

- ¿Cómo demuestras que estás triste?

- ¿Cómo hace un niño para demostrarle a otro que le importa lo que está sintiendo? ¿Qué más podría hacer para que sepa saber que lo entiende?

Páginas 18 a 23

- *(Señale al niño que está enojado).* ¿Cómo te imaginas que se siente este niño? ¿Cómo puedes saberlo? *(Enfoque la charla en el niño que está enojado. En algún momento también pueden hablar sobre cómo se podría sentir la niña que derribó los bloques sin darse cuenta).*

- ¿Recuerdas algún momento en que te sentiste enojado? ¿Qué sucedió?

- ¿Cómo te sientes cuando estás enojado? *(Incluya en la charla otras palabras que signifiquen lo mismo que "enojado"; los niños pueden sugerir sentimientos como estar con rabia, malhumorado, molesto, furioso, frustrado o fastidioso).*

- ¿Cómo demuestras que estás enojado?

- ¿Cómo le muestra el niño a su hermano que entiende lo que le pasa? ¿Qué más podría hacer para demostrarle que le importa?

Páginas 24 y 25

- ¿Cómo crees que se siente este hombre? ¿Cómo puedes saberlo? *(Acepte todas las respuestas razonables; la imagen no ilustra con claridad cómo se siente el hombre).*

- ¿Es posible saber siempre cómo se siente una persona? Si no lo sabes, ¿qué puedes hacer?

- ¿Qué es el respeto? ¿Por qué saber escuchar demuestra respeto? *(Puede explicar el concepto de respeto diciendo: "Cuando muestras respeto por las personas, les demuestras que son importantes para ti"). ¿Por qué escuchar nos ayuda a entender cómo se siente alguien?*

- ¿Cómo sabes que el niño está escuchando?

- ¿Qué preguntas puedes hacer para averiguar cómo se siente otra persona? *(Estas son algunas sugerencias: "¿Qué te pasó?", "¿Estás bien?", "¿Quieres hablar de eso?").*

Páginas 26 a 29

- *(Señale a la imagen de la niña que está cerca del perro).* ¿Cómo te imaginas que se siente esta niña? ¿Cómo puedes saberlo?

- ¿Cómo demuestra el niño que él la entiende? ¿De qué otra manera podría demostrar que le importa lo que está pasando?

Páginas 30 y 31

- ¿Por qué queremos entender cómo se sienten otras personas?

- ¿Cuáles son algunas de las ocasiones en las que a las personas les gustaría saber que las entendemos y nos interesamos por ellas? *(Ayude a los niños a darse cuenta de que pueden mostrar comprensión en todo tipo de situaciones y sentimientos, por ejemplo, cuando las personas están emocionadas, impacientes, preocupadas, confundidas, frustradas o sintiendo otra emoción).*

Juegos de empatía

Entender y demostrar importancia enseña sobre la empatía: el sincero entendimiento de cómo se siente otra persona. Este es un breve resumen de las habilidades necesarias que se enseñan en este libro para sentir empatía:

1. Mira y escucha a la persona.

2. Recuerda un momento en que te has sentido de la misma manera.

3. Imagina cómo te sentirías.

4. Pregúntale a la persona qué está sintiendo.

5. Demuéstrale que te importa.

Lea con frecuencia este libro en compañía de su hijo o con un grupo de niños. Una vez que los niños se familiaricen con la lectura, consulte el libro en momentos donde pueda enseñar un comportamiento positivo o cuando surjan problemas relacionados con la empatía. Resalte y haga comentarios positivos cuando los niños demuestren que entienden y les dan importancia a los sentimientos de otras personas. Ponga en práctica las siguientes actividades para reforzar la comprensión de los niños sobre cómo sentir y mostrar empatía.

Entender los sentimientos

Preparación: Recorte imágenes de revistas en las que aparezcan personas en situaciones donde se representen sentimientos. Adhiera las imágenes a tarjetas grandes o a una cartulina.

Nivel 1 *(refuerza la habilidad de empatía 1)*

Sostenga una tarjeta y señale la imagen. Pregunte: "¿Qué está pasando?". Continúe diciendo: "¿Cómo se siente esa persona? ¿Cómo puedes saberlo?". Si es necesario, explique lo que está sucediendo o cómo se está sintiendo esa persona.

Nivel 2 *(refuerza las habilidades de empatía 1 y 5)*

Utilice muñecos, figuras de acción, animales de peluche o títeres para representar la situación presentada en el Nivel 1. Comience utilizando los accesorios usted mismo y represente la situación mientras los niños lo observan. Luego haga preguntas como las siguientes: "¿Cómo se siente el hombre fuerte?", "¿Cómo podría la pata Lulú demostrar que ella lo entiende?". Después de que los niños sugieran ideas, pídales que utilicen los muñecos o los títeres para representar las situaciones mostrando que entienden a la otra persona y que les importa lo que le sucede.

Mi libro de sentimientos *(refuerza la habilidad de empatía 2)*

Materiales: Papel de dibujo, crayones o marcadores, lápices o bolígrafos, cartulinas de colores, perforadora e hilo

Preparación: Prepare las páginas y las portadas para crear los libros de sentimientos. En la parte superior de cada hoja de papel de dibujo escriba el nombre de un sentimiento diferente, por ejemplo, feliz, triste, enojado, sorprendido, asustado, orgulloso, emocionado, celoso, agradecido, etc. Escriba en la cartulina "Mi libro de sentimientos". Organice la portada y un juego completo de hojas rotuladas con los sentimientos para entregar a cada niño. Esta actividad se puede completar en varias sesiones.

Hable con los niños sobre una de las emociones usando preguntas como estas: "¿En qué ocasiones las personas pueden sentirse orgullosas? ¿Recuerdas un momento en que te sentiste orgulloso? ¿Qué pasó?". Pídales que dibujen el momento en el que se sintieron orgullosos. También haga que escriban (o dicten para que usted escriba) una oración que explique sus dibujos. Repita esta actividad con otras emociones. Pídales que escriban sus nombres en las cubiertas y que las decoren si lo desean. Utilice la perforadora y el hilo para encuadernar los libros.

Imaginándome cómo podría sentirme

Preparación: Escriba en las tarjetas situaciones similares a las siguientes. Coloque las tarjetas en una bolsa.

Ejemplos de situaciones:

- Unos niños estaban molestando a Willie en el autobús.
- Maureen acaba de aprender sola a montar en bicicleta.
- Al amigo de Lakisha lo invitaron a una fiesta, pero a ella no.
- Carlo es nuevo en su escuela y dos niños lo invitaron a jugar.
- Un niño pasó al lado de Rufus y le arruinó el rompecabezas que estaba armando.

Nivel 1 *(refuerza la habilidad de empatía 3)*

Pida a un niño que saque una tarjeta de la bolsa. Léala usted mismo o pídale al niño que la lea en voz alta. Diga: "Imagínate que esto es lo que te ha sucedido a ti. ¿Cómo te sentirías? ¿Cómo crees que se siente esa persona?". Haga que otros niños saquen más tarjetas y hablen sobre cada situación.

Nivel 2 *(refuerza la habilidad de empatía 5)*

Después de jugar el Nivel 1, haga que los niños saquen las tarjetas una por una y las lean una vez más. Esta vez pregunte: "¿Cómo podrías demostrar que entiendes (o que te importa) lo que le pasa a esa persona?". Si es necesario, ponga ejemplos correctos e incorrectos y pida a los niños que elijan: "Willie se siente triste porque algunos niños lo estaban molestando. ¿Cómo le mostrarías a Willie que te importa lo que le pasa? ¿Molestarías a los otros niños? ¿Le pedirías a Willie que se siente contigo? ¿Cuál de las dos opciones mostraría que te importa lo que pasa?". Continúe hablando sobre las situaciones presentando a su vez una variedad de alternativas apropiadas para mostrar entendimiento e interés.

Juego de dados: Entendiendo los sentimientos *(refuerza las habilidades de empatía 1 a 5)*

Materiales: Tarjetas preparadas para la actividad Entender los sentimientos (página 38), un dado, una pizarra blanca o un papel para afiches y un marcador

Escriba en la pizarra o en el papel para afiches las cinco habilidades presentadas en la página 38. Explíquelas brevemente a medida que las escribe y repase cada habilidad con los niños. Pida a un niño que comience el juego sacando una tarjeta de la bolsa y lanzando el dado. El número que indique el dado corresponderá al número de habilidad. Por ejemplo, si un niño saca dos, señale la habilidad 2 y haga la pregunta 2. (Si saca seis, el niño puede elegir de qué habilidad quiere hablar). Continúen jugando hasta que cada uno haya participado una o más veces y hayan hablado de todas las habilidades. Si lo prefiere, puede hacer preguntas similares a las siguientes al analizar las habilidades:

1. Mira el rostro (la boca o el cuerpo) de la persona. ¿Cuál es su apariencia? (¿Qué crees que está diciendo? ¿Cómo está actuando?)

2. ¿Puedes recordar un momento en que te pasó algo así? ¿Qué sucedió? ¿Cómo te sentiste?

3. Imagina que esto te ha pasado a ti. ¿Cómo te sentirías? (¿Por qué?)

4. ¿Qué podrías preguntarle a una persona para averiguar cómo se siente?

5. ¿Qué podrías decir o hacer para demostrar que te importa lo que le sucede?

Acknowledgments

I wish to thank Meredith Johnson for her beautiful illustrations. I also thank Judy Galbraith and all those at Free Spirit who believed in this series. Special thanks go to Marieka Heinlen for the lovely design and to Margie Lisovskis who, as editor, has contributed her wonderful expertise and creativity. Finally, I am grateful to Mary Jane Weiss, Ph.D., whose insight, skill, and caring have done much to advance the field of teaching social skills.

Agradecimientos

Quiero agradecer a Meredith Johnson por sus hermosas ilustraciones. También quiero agradecer a Judy Galbraith y a todos en Free Spirit quienes han creído en esta serie. Agradecimientos especiales a Marieka Heinlen por su encantador diseño y a la editora Margie Lisovskis, quien ha contribuido con su gran experiencia y creatividad. Finalmente, estoy muy agradecida con Mary Jane Weiss, Ph.D., cuyo conocimiento, habilidad y comprensión han contribuido a hacer grandes avances en el campo de la enseñanza de las habilidades sociales.

About the Author

Cheri J. Meiners, M.Ed., has her master's degree in elementary education and gifted education. The author of the award-winning Learning to Get Along® social skills series for young children and a former first-grade teacher, she has taught education classes at Utah State University and has supervised student teachers. Cheri and her husband, David, have six children and enjoy the company of their lively grandchildren.

Acerca de la autora

Cheri J. Meiners, M.Ed., tiene una maestría en Educación Primaria y Educación Dotada. Es autora de la galardonada serie sobre comportamiento social para niños Learning to Get Along®, fue maestra de primer grado, ha dictado clases de educación en la Universidad Estatal de Utah y ha supervisado a maestros practicantes. Cheri y su esposo, David, tienen seis hijos y disfrutan de la compañía de sus alegres nietos.